고백

고백

초판 1쇄 발행 2020년 4월 20일

지은이 최명숙
펴낸이 장길수
펴낸곳 지식과감성#
출판등록 제2012-000081호

디자인 박예은
편집 윤혜성, 박예은
교정 양수진
마케팅 고은빛

주소 서울시 금천구 벚꽃로298 대륭포스트타워6차 1212호
전화 070-4651-3730~4
팩스 070-4325-7006
이메일 ksbookup@naver.com
홈페이지 www.knsbookup.com

ISBN 979-11-6552-104-2(03810)
값 13,000원

ⓒ 최명숙 2020 Printed in Korea

잘못된 책은 구입하신 곳에서 바꾸어 드립니다.
이 책의 전부 또는 일부 내용을 재사용하려면 사전에 저작권자와 펴낸곳의 동의를 받아야 합니다.

이 도서의 국립중앙도서관 출판예정도서목록(CIP)은 서지정보유통지원시스템
홈페이지(http://seoji.nl.go.kr)와 국가자료공동목록시스템(http://www.nl.go.kr/kolisnet)에서
이용하실 수 있습니다. (CIP제어번호 : CIP2020014448)

홈페이지 바로가기

최명숙 시집

고 백

시 · 그림 최명숙

차례

서문 9

고백 12
봉선화 1 14
사랑하는 사람에게 16
사랑 18
손편지 20
그리움 22
바람의 말 24
사월의 편지 26
당신에게서 전화를 받은 날 28
사과나무 30
민들레꽃 32
감사 34
담쟁이 36
쓸쓸한 바다 38
허물어진 축대 40
네가 떠난 그 자리에 42
또다시 봄이 오고 44
오월에 쓰는 편지 46
구름과 나무 48
너 50
문자메시지 52

1부

그대의
꽃잎으로
나의 마음을
물들이다

봄에는 봄의 생각을 56
동피랑 마을에서 58
쓰러져서는 안 되는 이유 60
죽은 잎 62
자작나무 숲 64
장지동 비둘기 66
새똥 69
어린 라일락나무에게 주는 조언 70
검은 물 72
동그라미 74
담 76
목련꽃 지는 날 78
영향 80
상생폭포 82
시든 장미는 자랑스럽다 84
고구마 86
그 산의 계단 88
내게로 오는 너 90
멀리서 보는 단풍처럼 92
희망이 문을 열고 94
크로아티아의 새 96
부다페스트의 야경을 보며 98
우울한 그대에게 100

2부

지금의
너를
기쁨으로
품으리

3부
그대의
별이
뜨는 곳으로

지도에 없는 길 104

떡 다섯 개와 물고기 두 마리 106

낙엽 지는 날 문득 그대가 생각나 108

봉선화 2 110

방음벽 112

개심 114

그대가 아니었다면 116

동행 118

그대에게 가는 길 120

수로교(水路橋) 122

브라이스 캐니언에서 124

추위에 몰린 내 앞에 126

중국 태항산을 지나며 128

6월의 숲길을 걸으며 130

언제 어디서 어떻게 만나든 132

산을 오르며 136

나의 하루 138

단풍나무의 꿈 140

자격 142

노을 앞에서 144

바람과 꽃만 있어도 146

알람브라 궁전에서 148

슬픈 노래가 좋은 이유 150

실망하는 이유 152

바람이 없다면 154

결심 156

곡선 158

군자란 160

파키라 162

4부

비운 자만이
남길 수
있기에

서문

쉬운 시를 쓰고 싶었습니다.
마음을 담은 시를 쓰고 싶었습니다.
마음에 와닿는 시를 쓰고 싶었습니다.
아픔과 슬픔을 겪고 즐거움을 맛보며 얻은
삶의 기쁨과 깨달음을 나누고 싶었습니다.
함께 이야기하고 싶었습니다.

따뜻한 울림으로
우리가 서로 통했으면 좋겠습니다.

2020. 4.
최명숙

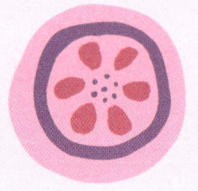

1부

그대의 꽃잎으로 나의 마음을 물들이다

고백

그대 목소리를 따라
길을 나섰건만,
그대를 잃어버리고
어둠의 그물 속에 갇혀 있었나 봅니다

그대 눈짓을 따라
길을 나섰건만,
그대를 잃어버리고
슬픔의 웅덩이 속에 누워 있었나 봅니다

조금 더 그대에게 귀 기울이고
조금 더 그대에게 마음 열기로
결심할 때까지
본의 아니게, 정말 본의 아니게
먼 길을 돌아오면서
어떤 것도 그대보다 소중하지 않다는 걸 깨달았습니다

그대여, 나 이제

어리석은 마음을 털어 버리고

그대의 흔들리지 않는 나무가 되겠습니다

그대와 한마음으로

하늘 너머 하늘을 꿈꾸면서

사랑스러운 그대의 꽃을 피우겠습니다

봉선화 1

그대의 꽃잎으로
나의 마음을 물들이다

그대의 이파리로
나의 힘든 하루를 동여매다

그대의 꽃대에 새겨진
사랑을 세며
메마른 시간을 견디다

사랑하는 사람에게 *마령 저수지에서*

그때에는
어떻게 나의 사랑을 표현해야 하는지
잘 몰랐어요
그저 그대에 대한 깊은 사랑으로 가득 차
그대만 생각하면 되는 줄 알았지요
꽃나무가 늘어선 그대의 길이 너무 아름다워
꽃나무가 되고 싶기도 하고
계절 따라 달라지는 그대의 산 빛이 아름다워
산이 되고 싶기도 하고
봄이면 언덕을 뒤덮는 그대의 풀이 대견해
풀이 되고 싶기도 했지요
그림자를 모를 때에는요
그대의 모습을 내 품에 다 담아
그대의 산과 꽃길과 언덕의 모습을 모두 그대로
내 가슴으로 받아들이기 전까지는
그대가 되고 싶어
그대의 모습을 닮은 그림자를 매일매일

사랑으로 가득 찬 내 수면 위에 그려 내기 전까지는
어떻게 나의 사랑을 고백해야 하는지
정말 몰랐어요
그때에는

사랑

흰 우유처럼
무방비인 나에게
너는
요거트 파우더처럼 스며들어
설렘으로 어질어질하는
사이
  사이
발효되어
엉기는 우리의 마음
결 따라 감기는
부드러운 기쁨

손편지

하트를 붙여서
내게 준 네 꽃밭을 펴며
손이 떨렸다
한 자 한 자 심어 간
네 꽃을 읽으며
얼굴이 달아올랐다
아무것도 없이
아무것도 아니면서
너를 사랑하는 무모한 내게
환하게 웃으며
하나하나 피어나는 너 닮은 꽃들을 보며
너무 황송해서 나는 무릎을 꿇었다
내 가슴 가득 전해지는 너의 향기에
너무 먹먹해서 나는 말없이 눈물을 흘렸다
내가 너를 생각하는 것보다 더 높은
내가 네게 해 준 것보다 더 많은
위로와 격려와 축복을

너는 희디흰 종이에 정성껏 꽃으로 심었다
너를 사랑한다면서
네 가슴에 작은 꽃밭 하나
제대로 일구지 못한 나는 너무 부끄러워
줄 사이에서 피어나는
네 예쁜 얼굴이 너무 고마워
조심히 꽃밭을 접어 가슴속에 넣는다

그리움

벽을 덮어 가는 담쟁이처럼
앞서가며 길을 덮는 그림자처럼
가로수 잎 사이로 스며드는 햇빛처럼
봄 길에 떨어지는 이팝나무의 흰 꽃잎들처럼

허기진
들려오는
기어 나오는
시야를 가리는

바람의 말

날아오르세요
망설임 없이
앞으로 나아가세요
그대를 밀어 주고
띄워 줄게요
짐이 늘어나면
날기 어렵다는 걸
가라앉기 십상이라는 걸
산에서도
물에서도
눈물로 배운 그대여
마음의 끈을 조이고
삶의 줄을 단단히 잡으세요
그대가 먼 세상까지 바라볼 수 있도록
산도 물도 아름답다는 것을 느낄 수 있도록
그대를 띄워 줄게요
받쳐 줄게요

사랑하는 그대여
그대의 짐을 기꺼이 지고
두려움 없이
앞으로 나아가세요
높이 날아오르세요

사월의 편지

네가
젖은 길을 걸었다고 들었다
그늘진 이야기를 짊어졌다고 들었다
지금은 어떤지
상처를 스치는 바람에
울고 다니는 건 아닌지
꽃망울은 쉴 새 없이 터지는데
네 앞길을 덮는 노을에 밀려
쓸쓸한 방에 갇힌 건 아닌지
벚꽃 핀 호수 길 사람들 속에서
너를 찾던 나는 너에게
편지를 쓴다

사랑하는 사람아
꽃그늘도 그늘이다
그늘에 서지 마라
너만의 길을 떠나라
나무를 키우는 사월의 햇빛처럼
내 마음은 너와 함께하리니

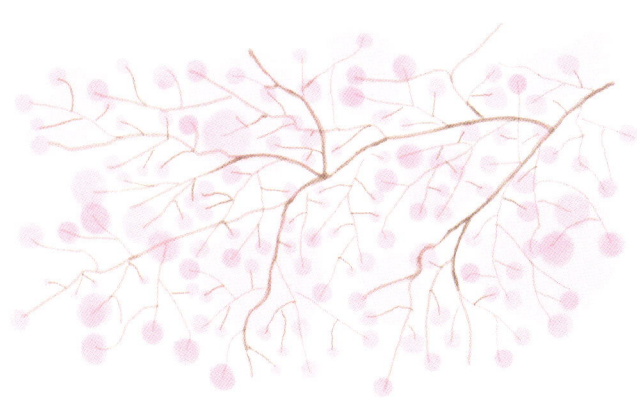

당신에게서 전화를 받은 날

그날은 미세먼지 속에서도
겹겹이 피어나는 홍도화에 감탄하던 날이었어요
제 삶에 스며드는 미세먼지 때문에
마음 편하게 살 수 없다고 불평할 때
홍도화나무는
탐스러운 꽃을 줄줄이 내걸고 있었어요
당신처럼요
제 마음속 한편에 서 있는 당신처럼
마당의 홍도화나무 가지에서는
복숭앗빛 사랑이
겹치고 겹치며 마구 피고 있었어요
심지를 굳게 하고
꿋꿋하게 살아야 한다고 말하는 당신처럼
붉은 꽃들이 가지를
빈틈없이 덮어 주고 있었어요
미세먼지가 제 삶의 가지에 쌓이지 않도록
저를 위해 기도하는 당신처럼
홍도화나무는 그렇게 제 옆에 서 있었어요

사과나무

네가
어느 족보에 올라 있는지 나는 모른다
얼마나 대단한 품종인지
어떤 꽃을 피웠는지 나는 모른다
내가 아는 것은
아니 내가 보는 것은
가을볕에 반짝이는 너의 뜨거운 소망
뿌리를 내린 이 땅에서
나누며 살려는 너의 단단한 의지뿐이다
밭이랑을 넘고 산을 넘어
태평양으로 알래스카로
꿈을 펼치던 포부로, 솜씨로
가지마다 빨갛게 맺은 너의 열매뿐이다

팍팍한 이 세상에
너 같은 친구가 있다니
오늘도 나는
네가 무심히 떨어뜨리는 사랑을 주워 들고
너와 하늘에 감사한다

민들레꽃

신호등에 막혀 돌아보니
민들레꽃 하나 피어 있다
잊고 살았던 친구처럼
조그만 얼굴로 웃는다
안녕!
그러고 보면
너는 언제나 내 가까이에 있었다
너를 보지 못한 건
내가 너무 앞만 보며 살았기 때문이다
돌아보지 않았기 때문이다
낮은 곳에서
내 길을 빛내 주고
내 발에 힘을 주는
친구야
네가 있어서 기쁘다
정말 고맙다

감사
            최영숙

꽃을 보내 식사할 수 있어서
파란 하늘을 또 볼 수 있어서
기쁜 순간을 나눌 수 있어서
내 생각 하며 걸을 수 있어서

감사

꽃을 보며 식사할 수 있어서
파란 하늘을 또 볼 수 있어서
기쁜 순간을 나눌 수 있어서
네 생각하며 걸을 수 있어서

담쟁이

담을
기어오르는 게 아니라
그대에게
가까이 다가가는 거예요

담을
덮는 게 아니라
그대에 대한 관심이
늘어나는 거예요

담에
붙어 있는 게 아니라
그대에게
귀 기울이는 거예요

금이 간 그대 마음을
잎으로 가려 주고
꽃으로 틈을 메꾸며
그대가 담 위로 손을 흔들 때까지
줄기차게
마음 쓰며 기다리는 거예요

쓸쓸한 바다

쓸쓸한 바다를 만나
눈 덮인 모래밭을 함께 걷는다
다가왔다 멀어지던
너와의 시간
어리석게도 그건
파도치는 너의 삶을
내가 껴안지 못했던 탓이다
모래밭에 새겼던 내 길이
내 단단한 성이 허물어지고
눈에 덮이지 못한 바위처럼
내 상처가 시릴 때에야 비로소
네가 내 곁에서 울고 있었음을
너를 끼고 걸으며 깨달았다
내 곁에서 홀로 깊이 가라앉으며
마냥 쓸쓸했던 사람아
이젠 밀물처럼 내게 가까이 오라
네 가슴의 시린 섬들을

함박눈이 되어 덮어 주리라
네가 띄운 배가 가라앉지 않도록
해안선처럼 둥글고 긴 팔로
너를 껴안으리라
너를 사랑하리라

허물어진 축대

축대가 반쯤 허물어져 있다
흙이 그 위로 흘러내리고 있다
그대 앞에서
허물어지는 내 마음처럼
떨어지는 눈물처럼
잔돌들이 뚝뚝 떨어지고 있다
외진 곳에 서 있는 저 축대처럼
마음 한구석에
어쩌자고 그렇게 돌을 쌓았던 것일까
무엇이 두려웠을까
무엇에 실망했을까
상한 마음을 바람이 스칠 때마다
사막을 걸어서 집에 돌아올 때마다
축대는 높아 갔었지
그러나 신기한 새처럼 그대가 날아와
저 축대에 새겨진 연꽃처럼
말없이 내 마음의 벽에 사랑을 새길 때

조금씩 흔들린 나는
서서히 금이 간 나는
터질 듯한 울음으로
헐리고 깨지며 무너져 내렸다
그대가 새긴 꽃의 울림소리에
어깨를 들썩이며 천천히 허물어져 내렸다

네가 떠난 그 자리에

남겨진 나는
잿빛으로 변해 가는
흰 수국처럼 말을 잃고
오래도록
하늘을 보지 못한다

또다시 봄이 오고

그때는 미운 마음에
울지 않았습니다
당신이 떠나는데도
아무렇지도 않다는 듯이
개나리처럼 봄볕 속에 주저앉아
개나리 꽃잎만 똑똑 땄습니다
미안하다는 말도 없이
어디로 간다는 말도 없이
떠나는 당신이 미워서
개나리 가지로 땅이나 툭툭 때렸습니다
또다시 봄이 오고
개나리 꽃잎은 하나둘 살아나는데
아무렇지도 않다는 듯이
돌아오지 않는 당신이 미워서
보고 싶다는 말도 없이
돌아오지 않는 당신이 보고 싶어서
이제야 당신이 떠난 길을 따라가며
울고 또 웁니다

오월에 쓰는 편지

등나무처럼
평생 당신에게 기대어 살았어요
그렇지 않았더라면
아직도 땅에서 헤매고 있을 제가
당신에게 기대어
당신 덕에 마련한 삶의 줄기에
보랏빛 꽃들을 송이송이 피우며
하늘에 집을 지으며 살아왔어요
뿌리를 당신께 두었다고 하면서도
다른 쪽으로 발을 내밀기도 하고
스쳐 가는 새를 보느라
당신을 잊기도 했지만
당신은 늘 저를 붙잡고 계셨지요
당신 없이는 제대로 서지도 못하는 저를
탓하지도 나무라지도 않으시며
하늘로 끌어올리시는
당신은 늘 제가 감고 올라가는
기둥이 되어 주셨어요

무엇으로

어떻게

감사를 드려야 할까요

구름과 나무

하얀 구름이
긴 여름에 지친
나무에게 다가온다
하늘 이야기를 들려준다
서걱거리던 나무 이파리들이
촉촉이 젖는다
나무가 꿈꾸는 나무가 된다
하얀 꽃을 피우는
꽃 피는 나무가 된다

너

네가 웃으면
내 마음은 바다가 된다

네가 웃으면
내 하루는 꽃길이 된다

네가 가는 곳마다
너를 만나는 사람마다

네가 웃으면
온 세상이 친구가 된다

문자메시지

네 어깨가 축 처진 날엔 나무들도 가지를 늘어뜨린다 네 눈에 눈물이 고인 날엔 꽃잎도 자꾸 떨어진다 울지 마 괜찮아 하늘이 어두워진 건 구름이 몰려와서 그래 하지만 구름 뒤엔 언제나 해가 있잖아

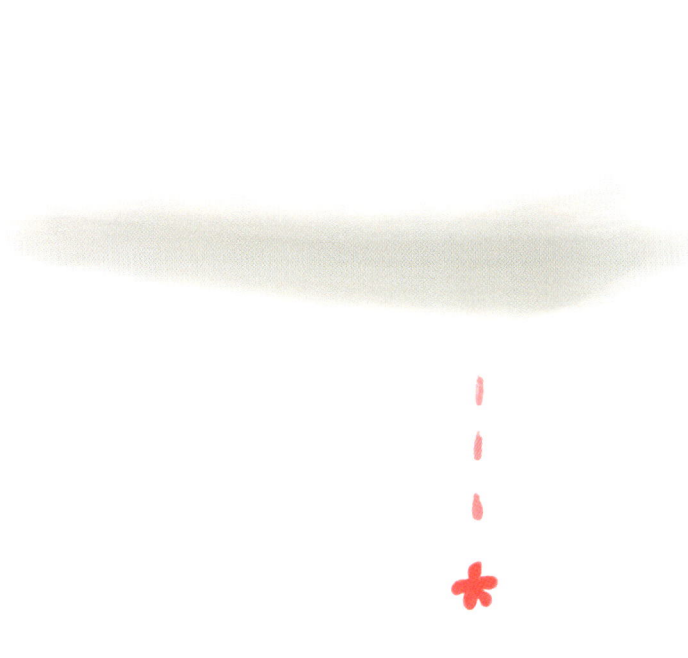

2부

지금의
너를
기쁨으로
품으리

봄에는 봄의 생각을

3월이라고
산수유, 홍매화는 피어나는데
해 묵은 누런 이파리들을 달고
눈 감고 서 있는 나무가 있다
봄볕 속에서도
여전히 겨울의 기억에 붙들린
그의 가지에는
새싹도 꽃봉오리도 보이지 않는다
털어 내기엔 시간이 부족했던 것일까
바람이 불 때마다
버석버석 아픈 소리를 낸다
그러나 나무여
눈을 뜨라, 눈을 뜨고 주위를 둘러보라
꽃 피는 저 나무들도 모두 그대처럼
고통의 강을 건넜음을
눈물의 산을 넘었음을
눈을 뜨고 바라보라

지금은 꽃 피울 때이다
그대를 위해 비를 내리고
햇볕을 쏟아붓는 저 하늘을 바라보라
봄에는 봄의 생각을
3월에는 3월의 일을 하자
그대가 걸고 있어야 할 것은
슬픔의 흔적이 아니라
상처를 털고 일어선 자의
눈부시게 화사한 꽃이어야 하리라
용서한 자만이 부를 수 있는
뜨겁고 붉은 노래이어야 하리라

동피랑 마을에서

나는 보았네
동피랑 마을에서
가난이 나무로, 자전거로, 할머니의 품으로 바뀌는 광경을
하늘로 스며들던 눈물 젖은 이야기들이
시에서 피어나는 정겨운 꽃처럼
골목길 사이사이에서
예쁜 벽화로 피어나 다정하게
담을 따라
꿈길을 만드는 것을

나는 보았네
동피랑 마을에서
가난이 의자로, 날개로, 연인의 어깨로 자라나는 광경을
땅으로 내려앉던 한숨 섞인 이야기들이
도시를 감싸는 노을의 사랑처럼
지붕들 사이사이에서
어머니의 이불로 피어나 붉게

길을 따라

사람들을 덮는 것을

쓰러져서는 안 되는 이유 *삼나무의 말*

강풍이라고는 하지만

쓰러지지 마

네가 쓰러지면

겨울의 질긴 껍질을 뚫고

가지에 돋아난 네 어린 싹들까지 죽잖아

벼락에 쪼개지고 부서져도

뽑히지는 마

네가 뽑히면

네 발등에 사는 작은 풀꽃들까지 뽑히잖아

네가 뿌리째 뽑혀 쓰러지면

네 옆에서 함께 자라던 이웃들도

네게 부딪혀 넘어지거나 다쳐

식구든 친구든

많이 아플 거야

뽑힌 너를 일으킬 힘도 없이

쓰러진 너를 힘겹게 지탱하며

많이 힘들 거야

세월은 흐를 테고

물론 그들은 하늘을 향해 자라겠지만

그래도 아무 일 없었던 것처럼 살지는 못해

상처 난 몸과 마음에 너를 새기고 살 거야

그러니 쓰러지지 마

조금 더 힘을 내

뿌리를 더 길게 우리 쪽으로 뻗어

우리 뿌리들을 서로 엮기로 해

단단하게 단단하게

강풍을 견디기로 해

죽은 잎

양란
뿌리 위에
산 잎과 죽은 잎이 함께 붙어 있다
군데군데 검버섯이 핀 채
누렇게 죽은 큰 잎을 떼어 내려 하니
살아 있는 작은 잎과
서로 너무 꽉 붙들고 있어서
떼어 낼 수가 없다
억지로 떼어 냈다가는
산 잎도 떨어질 것 같다
그러고 보니
죽은 잎은 죽은 잎이 아니다
자신의 모든 것을
산 잎에게 넘겨주며
조상들이 어린 후손들을 지키듯이
죽은 시인이 살아 있는 시인을 키우듯이
죽은 잎은 산 잎을 키워 왔다
그리고 죽어서도 산 잎을 받치고 있다

죽은 잎 덕분일까
뿌리가 싱싱하다

자작나무 숲

그들은 겸손하게 엎드린 바위에
뿌리를 내리고 서 있었다
떨어져 있어도 마음을 섞을 만한
간격을 두고
하늘을 보여 주고 있었다
앞에 있어도 두드러지지 않고
뒤에 있어도 치이지 않는
그들은 한 모습으로 사랑을 노래하고 있었다
서로가 서로에게 귀 기울이고
서로가 서로에게 팔을 뻗치며
발밑의 작은 나무들도 키우고 있었다
평등한 위치에서 제 몫을 다하며
생명의 바람이 일렁이는 숲을 만들어 가는
그들은 순전한 빛으로 온몸이 채워져
하얗게 수직으로 빛나고 있었다

장지동 비둘기

장지동의 어떤 비둘기들은
날지 않는다
뒤뚱뒤뚱 학교 마당을 오가며
부스러기를 주워 먹는다
너희는 원래 새였다고
1교시에도 가르치고
2교시에도 가르쳐도
귀먹은 오리마냥
땅만 쳐다보며 땅에서만 돌아다닌다
너희가 날던 하늘은 여전히 푸르고
너희가 가야 할 하늘은 여전히 높다고
날라고, 날자고, 날아야 한다고
사람들에게 하늘의 편지를 갖다주어야 한다고
어제도 가르치고
오늘도 가르쳐도
자기네가 원하는 건 그게 아니라는 듯
축구공을 따라다니다 졸고

건물 기둥 사이를 뛰어다니다 졸고
되는대로 주워 먹으며 돌아다니다가
끈에 발이 감기고
유리 조각이 목에 걸려
절뚝거리며, 캑캑거리며
교실을, 복도를, 계단을
여전히 헤매고 다닌다

그러나 언젠가는
너희가 반드시 날고 말리라는 것을 알기에
매일 너희 날개가 튼튼해지고 있다는 것을 알기에
오늘도 즐거이
장지동 비둘기들을 따라다닌다

새똥

찍찍
날아오는
불친절한 말
새똥 되어 구두에 떨어졌다
뒷모습도 지저분한 그를 욕하며
함부로 구두를 털다가
애꿎은 사람에게 새똥을 튀겼다
순간 쏟아지는
한 바가지의 욕
나에게서 끝내지 못한 더러운
말 때문에
새똥 같은 하루를 보내다

어린 라일락나무에게 주는 조언

너는
나를, 그를, 그녀를
연보랏빛 향기로 불렀다
키는 좀 컸지만
가지는 겨우 두세 개
성긴 이파리들 사이로
엉성한 꽃송이를 몇 개 달고
봄바람 속에 흔들리고 있었다
음, 조금 더 기다렸으면 좋았을 걸
황사에 더 시달리고
폭풍우에 더 흔들리고
쓰라린 불볕을 더 견디며
조금만 더 참았으면 좋았을 걸
된서리도 더 맞고
한겨울 추위를 몇 번 더 겪으며
더 진한 눈물로
몸통을 키우고 꽃을 피울 수 있을 때까지

조금만 더 배웠으면 좋았을 걸
어설픈 꽃과 덜 익은 향기로
박수를 부르기보다는

검은 물

그 수로의 폭은 너무 좁다
그래서인지
물의 시야도 좁다
그래서인지
수로의 물은 너무 빠르다
그래서인지
이것저것 살필 겨를도 없이
뒤돌아볼 틈도 없이
오직 앞만 보고 달린다
수로 속에는 큰 돌 하나 없고
수초 하나 없어
물은 걸려 넘어지지도 비껴가지도
망설이지도 않는다
그래서인지
귀까지 막고 거침없이 달려
하수구로 떨어지는
검은 물

너는 무엇을 원했을까
무엇이 되고 싶었을까
과연 너의 종착지는 어디일까

동그라미

우리는 아는 사이지만
그의 동그라미 안에는 내가 없다
이런저런 이유로 나는
그의 동그라미 안으로 들어갈 수 없다
그의 동그라미 안에서 무슨 말이 오가는지
무슨 일이 일어나고 있는지
나는 모른다
내가 아는 건 그가
이런저런 이유로
자기 동그라미 안 사람들을 챙기고
자기 동그라미 안 사람들 편을 들어 준다는 것뿐이다

그러나 그뿐이랴
나의 동그라미 안에도 그는 없다
이런저런 이유로
그도 없고, 그녀도 없고, 그들도 없다

그러고 보면 매일매일

나는, 아니, 우리는

동그라미들과 만나고

동그라미들과 근무하고

이런저런 이유로

자기 동그라미의 테두리를 굵게 덧칠하며

동그라미 밖 사람들을 소외시키며

좁아지고, 외로워지고, 가엾어진다

담

우리 집과 옆집 순희네 집 사이에는 담이 없었어요 맞닿은 양쪽 집 정원에서는 철 따라 다른 꽃들이 피었고 아버지들도 엄마들도 우리들도 양쪽 집을 오가며 이야기꽃을 피우곤 했지요 어릴 때부터 순희와 저는 모든 걸 함께 하는 단짝 친구였어요

그러던 어느 날 우리 아버지와 순희네 아버지가 크게 싸우셨고, 하나였던 정원 중간에는 높은 담이 세워졌어요 그때부터 우리는 순희네 향나무가 다듬어지는 모습을 볼 수 없게 되었어요 우리 집 딸기도 감나무의 감도 순희네랑 나눠 먹을 수 없었어요 장미꽃이 탐스럽게 피어나도 순희 엄마는 우리 집 쪽으로 건너오지 못했고, 순희네 아버지가 쓰러지셨을 때도 우리는 함께 울 수 없었어요

중간에 막힌 담 때문에 아버지들도 엄마들도 우리들도 마음에 벽이 하나씩 생겨났고 순희와 저는 따로따로 학교에 가게 됐어요 그때부터 우리 집은 대문을 잠그기 시작했지요 순희네는 말도 없이 이사를 갔고 저는 차가운 담에 얼굴을 대고 오래도록 소리 없이 울었어요

목련꽃 지는 날

목련꽃 지는 날
목련나무 같은 그대를 생각한다
그대 삶의 고개마다 스며드는 추위를 이기고
그대 삶의 뿌리를 흔드는 바람을 이기고
이루어 낸 탐스러운 꽃들을
눈부신 보람을
내려놓고 털어 버린
씩씩한 그대를 생각한다

꽃만으로는 이 세상을 기쁘게 할 수 없기에
꽃그늘만으로는 이웃을 쉬게 할 수 없기에
그대는 젊음의 환한 빛을
기꺼이 버리고 기꺼이 잊었다
지친 영혼에게 생명의 이파리를 보여 주기 위해
고단한 이웃에게 커다란 그늘을 만들어 주기 위해
아까운 꽃을 희생하는 그대여
꽃이 떨어진 자리마다

그대의 고마운 노동이 싹을 틔우리라
그늘을 엮어 가는 그대의 손이 보이리라

목련꽃 지는 날
목련나무 닮은 그대를 생각한다
큰마음 가진 그대를 우러른다

영향

가다 보니
들국화들이 저쪽으로 쏠려 있다
무슨 바람에 저렇게 되었을까
그 옆에 서니
나도 기우뚱 기울어진다

오다 보니
코스모스들이 이쪽으로 쏠려 있다
무엇에 밀려 이렇게 되었을까
들여다보니
어, 나도 뒤로 넘어가려 한다

그들 하나하나는 연약하지만
모여서 피고
모여서 쏠리므로
힘이 세다
생각 없이 다가가다가는
이쪽으로 저쪽으로 밀리기 마련이다

똑바로 서서 심호흡을 하고

집에 돌아와

거울을 보니

웬걸, 어수선한 머리와

땀이 난 구두코에

들국화와 코스모스 꽃잎들이 붙어 있다

상생폭포 *포항 내연산에서*

그들은
위에서 아래로 흐르는 물을
이어받는 사이가 아니다
거부할 틈도 없이
혹은 동조할 틈도 없이
밀고 내려가지도
밀고 내려오는 힘에 압도당하지도 않는다
자기만의 못을 만들지도 않는다
나란히 거리를 두고
각자의 크기로
각자의 모양으로
껄껄껄 함께 웃으며 함께 흐른다
함께 섞이어 하나의 못을 만든다
세차게 흘러내리는 그들의 웃음소리가
계곡과 산을 흔든다
사람과 산이 한마음으로 흘러간다

시든 장미는 자랑스럽다

시드는 건
가벼워지는 것
가벼워지는 건
비우는 것
채운 자만이 비울 수 있고
비운 자만이 남길 수 있기에
시든 장미는
자랑스럽다

고구마

말을 잃고
너는 구석에 웅크리고 있었다
찬바람도 네 옆에 앉아 있었다
너의 자줏빛 얼굴은 질려 보였다
말을 걸어 봐도, 건드려 보아도
너의 딱딱한 침묵은 열리지 않았다
네게 필요한 건 무엇일까
궁리 끝에
난 너를 데리고 창가로 가
햇볕 속에 편안하게 놓아두고
반 컵의 물을 건네었다
그러자 너는 곧 작고 귀여운 싹 같은
미소를 보냈고
추위에서 풀려난 너의 웃음에
나도 웃었다

고구마야, 그러고 보니
우리를 키우는 건
햇볕 같은 한 줌의 격려와
반 컵의 친절이로구나

그 산의 계단

그 산의 계단은 간격이 다르다
간격이 다른 그 계단처럼
사람들 사이의 간격도 다 다르다
가까운 사람들과 대화할 때에는
간격이 좁은 계단을 오를 때처럼
편한 걸음으로 꼭대기를 향해 나아갈 수 있지만
사이가 먼 사람들과 대화할 때에는
간격이 넓은 계단을 오를 때처럼
용기를 내어
성큼성큼 다가가야 한다
보폭을 넓혀야 한다
그러나 대화의 정상에 이른 뒤 내려올 때에는
사이가 먼 사람들과 대화를 끝낼 때에는
간격이 넓은 계단을 조심조심 내려오듯이
천천히 마무리 지어야 한다
계단 사이의 간격을 한 걸음으로 메우며
어색하게 서둘러 내려가는 모습을 보이면

그들이 그 모습에 거리감을 느끼게 되어
공든 탑이 무너질 수 있기 때문이다

내게로 오는 너

내게로 달려오는

너의 등 뒤로 바다를 보았다

네 미래가 반짝이는 것을 보았다

그리고 그 바다 위 하얀 배도 보았다

그래, 그 바다를 본 죄로

나는 너를 도와야 한다

돌아도 어지럽지 않고

넘어져도 다치지 않도록

나는 네게 사는 법을 가르쳐야 한다

아니, 쓰러지는 법을 가르쳐야 한다

네가 지나온

눈물 젖고 주름 잡힌

시간의 매듭을 풀어 주고

네 손을 잡아 일으켜야 한다

너의 하얀 배가

험한 물살에 말려들지 않도록

아니, 빠져나와

바다를 누비도록

네게 삶의 리듬을 가르쳐야 한다

그리하여

바다 끝에서 하얀 새로 날아오르도록

네게 하늘의 춤을 가르쳐야 한다

멀리서 보는 단풍처럼

너는 서 있다
흔들림도 없이
달라진 모습으로
단풍 든 나무처럼
주변을 환하게 밝히며
서 있다
시간을 따라 지나간
너의 모습을 추억하는 것은
얼마나 어리석은가
잎 사이 빈 자리마저 고운
지금의 너를
멀리서 보는 단풍처럼
기쁨으로 품으리

희망이 문을 열고

췌장암 환자 내 친구가
겨울 시작 무렵
자기 화분에서 잘라 준
홀리페페를 길쭉한 화분에 심었다
줄기와 이파리가 자라 줄줄이 내려오기를
그녀의 시한부 삶의 시간이 늘어나길
기도하고 기도하며
물을 주고 햇볕을 쪼여 주었다
그러나 페페는 겨우내
녹슨 화살처럼, 말을 잃은 아이처럼
흔들림도 없이 서 있었다
어떻게 지내고 있을까
싹을 내밀기는커녕 문 닫은 가게처럼
썰렁한 페페를 들여다보며
친구에게 안부조차 묻지 못한 채
때아닌 봄눈에 당황해하던 날
친구에게서 전화를 받았다

암이 더 이상 자라지 않는다고
오히려 크기가 조금 줄었다고
오오, 눈물이 핑 돌아
페페에게로 간 나는 눈물 속에서
페페 줄기에서 싹이 돋아 오른 것을 보았다
희망이 문을 열고 고개를 내밀고 있었다

크로아티아의 새

낯선 땅이어서일까
건물에 난 총알구멍들을 보았기 때문일까
잠 못 들고 뒤척이는 크로아티아의 겨울밤
새 한 마리가
창에 와 노래하며 속삭인다
무슨 말을 하는 걸까
무슨 사연이 있어 잠들지 못하는 걸까
도무지 알 수 없더니
보스니아에 와서야 그 새를 이해한다
보스니아의 아파트와 건물 벽에도 남은
무수한 총알구멍을 보고서야
주민들과 같이 생활하는 무덤들을 보고서야
3년이나 싸웠던 이쪽 편과 저쪽 편을
이어 주는 모스타르의 다리를 건너 보고서야
그 새가 누구인지
그 새가 무슨 말을 하고 싶었는지 깨닫는다
그 새의 속삭임이

모스타르 다리 아래 네레트바강의

깊고 푸른 물빛을 닮았다는 걸

이제야 문득 깨닫는다

부다페스트의 야경을 보며

부다페스트 강가에 서니
야경에도 격이 있다는 생각이 든다
강물 위를 흐르는 밤하늘에
2차 세계 대전 때 죽은
유태인들의 발자국이 찍혀서인지
아니면
365일 국민을 위해 일하라는 뜻의 첨탑이
365개가 있다는 국회의사당 때문인지
혹은
시민 어부들이 적을 방어했다는
어부의 요새 때문인지
부다페스트의 야경은
금빛 눈물을 품은 것 같다
추위에 더욱더 또렷해지는
금빛 야경을 보고 있자니
묵직한 것이 목에 걸리고
가슴이 얼얼해진다

우울한 그대에게

그대는 겨울 산이다
한때는 숲이었을
황량한 그대 가슴 한구석
드문드문 서 있는 나무와 바위 사이로
바람이 걸어간다
때아닌 산사태가 일어난 곳엔
그대가 키운 나무들이 쓸려 내려가고
슬픔의 흰 서리로 덮여 있다
그러나 그대여, 우리는 기억한다
그대 가슴 한복판에 있었던 숯가마를
그대가 숯을 굽던 시절을 기억한다
그대는 참숯을 구워
불이 사그라든 우리에게 나눠 주었다
우리는 그 숯으로 삶을 피워 나갔었지
그대여, 눈물을 닦아라
우리 함께 그대의 봉우리로 올라가자
그리하여 무너진 곳이 아닌

물소리 그친 계곡이 아닌
장엄한 그대의 산 전체를 내려다보자
겨울 능선 위를 날아오르는 새들을 보자
겨울을 견디고 서 있는 그대의 참나무들을
아니, 뜨거웠던 그대의 숯가마를 찾아보자
일어나라, 그대여
지금은 그저 짧은 겨울일 뿐이다

3부

그대의
별이
뜨는 곳으로

지도에 없는 길

그대를 찾아가는 길은
지도에 없는 길이다
길이 반드시 길로
이어지는 것은 아니지만
살다 보면 늘 길이 필요한 법
도시를 건널 때마다
채워진 시간을 확인하고
확대된 지도로 낯선 골목길까지 짚어 가며
늘 길을 따라 살았던 내가
어쩌다 길이 없는
그대를 찾는 일에 골몰하게 되었을까
어쩌다 내가 걸어온 길이
길이 아니라는 걸 깨닫게 되었을까
그대여, 하늘로 날아가는 향기처럼
그대를 찾아 나는
지도에 없는 길을 가야 한다
그대의 속삭임에 귀 기울이며

기억 저편의 그대 모습을 찾아

지도에도 없는 길을

걸어가야 한다

행복하게 걸어야 한다

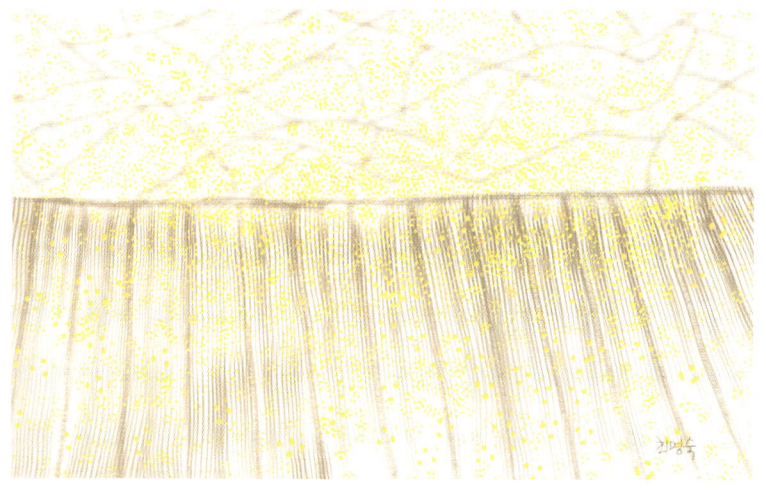

떡 다섯 개와 물고기 두 마리

누구에게는 작은 것이겠지만
누구에게는 적은 것이겠지만

온 마음을 다해
그대에게 바칠 때

나의 힘은
나의 시간은
나의 친구들은
나의 떡과 물고기는

커지고
넓어지고
늘어나고
부풀어 오르고

낙엽 지는 날 문득 그대가 생각나

우리의 인연이
여기서 끝났다고는 생각지 마세요
가을이 저무는 벌판 끝
그대 떠나간 들길 너머로
산도 하늘도 사라지고 있다는 걸
모르는 건 아니지만
우리가 이곳에서 만나기 전에
이미 헤어졌었던 걸 생각하면
어느 별에선가 그대를
다시 만날 수 있을 것 같아요
자유로운 몸으로
가벼워진 마음으로
눈물도 잊고 아픔도 잊고
다시 그대를 만나
예전처럼
그대가 만들어 놓은 별빛 우물에서 물을 길어
목마른 사람들에게 전해 줄 수 있을 것 같아요

봉선화 2

그대의 꽃밥으로
사람들의 마음을 먹이고 싶다

그대의 꿀주머니로
사람들의 빈 하루를 채우고 싶다

서로 벽을 쌓는 사람들에게
그대의 열매에 들어찬
사랑을 터트리고 싶다

오, 그대, 사랑스러운 나의 친구

방음벽

우리가 이쪽에 방음벽을 세우는 건
모든 소리를 막기 위해서가 아니다
풍경을 가리기 위해서도 아니다
그대의 소리
밤하늘에 번지는 별빛처럼
해 뜨는 숲을 깨우는 휘파람새처럼
마음을 울리는 소리
그대의 말을 듣기 위해
우리는 방음벽을 세우는 것이다
우리 길을 구부리는 허다한 소리들을
눈물을 받아먹고 사는
저 너머의 말들을 막기 위해,
소리 없이 햇빛처럼
우리 마음에 스며드는
그대의 속삭임을 듣기 위해
우리는 각자의 방음판들을 잇는 것이다
우리보다 앞서가며

우리 길을 밝히는

그대의 말로 온몸을 채우기 위해

하늘을 향해 기둥을 세우고

길을 따라가며

우리는 방음벽을 세우는 것이다

개심

낙엽 지는 숲을 지날 때
세상 근심을 내려놓을 거예요
억새밭을 지날 때에는
아쉬움도 털어 버릴 거예요
밤하늘을 가득 채우는 별처럼
내 마음을 따뜻하게 채우는 그대의 느낌
그것만으로도 충분해요
나를 기다리는 그대를 찾아
지금까지 온 길이 아닌
그대가 원하는 다른 길로
그대의 별이 뜨는 곳으로
쉬지 않고 걸어갈 거예요
나를 부르는 어떠한 소리에도
결코 돌아보지 않을 거예요
내 마음을 이끄는
그대 손길을 따라
그대 있는 곳으로

계속 걸어갈 거예요

흔들리지 않을 거예요

그대가 아니었다면 *아치스 캐니언에서*

길을 잃어버린 나는
뜨거운 태양 아래
길 아닌 길로 갔네
그대가 경고의 돌로 쌓은
길 표시를 알아보지 못한 채
세상 사람을 따라 길을 선택했네
그 길은 우러러보였지만
낭떠러지를 따라 휘어진 길이었다네
그 길을 따라가며 떨어질까 짚은 바위는
불덩어리처럼 뜨거웠지
돌아오라는 그대의 목소리가 들렸지만
자세를 바꾸고 돌아설 용기가 없었네
결국 망설이며 앞으로 나아간 나는
멀리서 꿈꾸던 붉은 아치를 잡았지
그러나 그것은 흙으로 된 아치였을 뿐
목마른 내게 참된 물 한 방울 주지 못했네
그 아치를 찾아서 사막을 건너온 나는

그제야 길 잃은 양처럼 울었네
그리고 내게로 오는 그대 모습을 눈물 속에서 보았네
그대는 부드러운 손길로 나를 일으키고
안전한 길로 인도해 주었지
더 이상 목마르지 않도록 참된 물을 주었지
그대가 아니었다면
신기루 같은 붉은 아치에 이끌렸던 나는
길을 잃고 아직도
붉은 울음 울고 있으리

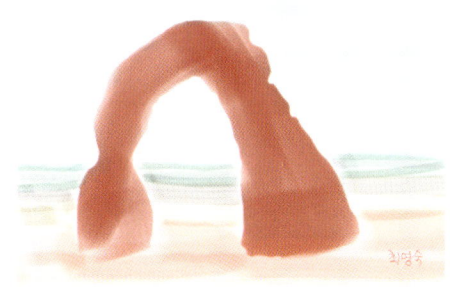

동행

당신은 이곳에 없지만
당신이 심어 둔 나무들과 함께
단풍 든 길을 걸어갑니다

당신은 이곳에 없지만
당신이 심어 둔 나무 같은 친구들과 함께
단풍 든 인생길을 걸어갑니다

그 나무들은 모두 다른 나무들이지만
당신의 사랑이 깃들어 있기에
그 친구들은 모두 다른 사람들이지만
당신의 사랑을 보여 주기에
그들은 모두 당신의 손길입니다

당신은 이곳에 없지만
당신께서 이 길과 친구들을 마련하셨기에
단풍처럼 마음을 물들이는

당신을 느끼며 오늘도 나는

기쁘게 당신과 함께 걸어갑니다

그대에게 가는 길

눈 덮인 산을 오릅니다
그대에게 갑니다
나의 길을 우기던 어리석음을 버리고
욕심으로 가득 찬 마음도 내려놓고
나의 길이 아닌
그대의 길을 따라 나아갑니다
그대가 놓아둔 계단을 오르고
그대가 뿌려 놓은 눈도 묻히며
조금씩 조금씩 나아갑니다
빈 가지에 수북이 쌓여 있는
비운 자만이 받을 수 있는 축복을 보며
그대의 쇠막대를 붙잡고 올라갑니다
능선 너머 아름다운 풍경을 기대하며
일어설 때마다 단단해지는 몸으로
밧줄을 잡고 바위를 오릅니다
그대가 내 길에 놓아둔 사람들이
미끄러지고 넘어지는 나를

잡아 주고 끌어 주는 순간들이
내게는 힘이 되고 노래가 됩니다
이제 여정을 마치고 떠나야 할 때면
눈부시게 빛나는
흰 나무와 흰 숲과 흰 산처럼
나도 아무 미련 없이
하얗게 되어
그대에게로 가고 싶습니다
그대 곁에 머물고 싶습니다

수로교(水路橋) *스페인 세고비아에서*

스페인 세고비아에서
이천 년간 버티고 서 있는
수로교를 바라본다
백 개도 넘는 아치로 된
저 다리는 시멘트도 접착제도 없이
돌만 쌓아 만들었다고 한다
그래도 오랜 세월 끄떡없이 서서
산맥의 깨끗한 물을 도시로 보냈다고 한다

그런데
저 다리의 모습은 낯설지 않다
꿈속에서, 마음속에서 몽글몽글 피어나던 모습
걷다가도 문득 허공에 펼쳐지던 그리운 무엇
쥘 수도 잡을 수도 없어 괴롭기만 하던 그 무엇이
이제야 수로교의 모습으로 또렷하게 나타난 것이다
그래, 나는 하늘 물의 통로가 되고 싶었다
하늘의 물을 인간의 도시에 전하고 싶었다

빗속에서 또는 파란 하늘 아래
아니면 노을을 배경으로
저 수로교처럼 아름답게, 그러나 강하게 서서
하늘의 물을 온전히 전하고 싶었다

아, 뜨거워진 가슴으로 나는
세고비아의 수로교를 바라보며
비로소 생생해진
내 마음속 수로교를 생각한다
전해야 할 하늘 물을 생각한다

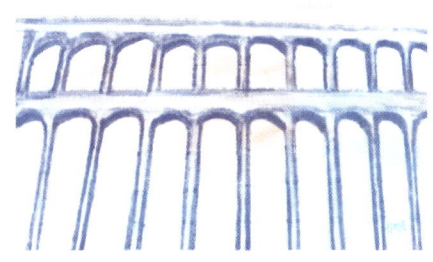

브라이스 캐니언에서

하나님이 낮은 곳에 세우신
거대한 시詩의 도시
브라이스 캐니언에 갔었다
빌딩 같은 금빛 석벽들을 따라 난 길을
사람들이 구불구불 내려가고 있었다
순례자처럼 조용히
하늘을 우러르며 펼쳐지는
금빛 기둥을 만지며
석벽이 감싸 키우는 곧은 나무를 돌며
하나님의 메시지를 찾고 있었다
불현듯 구름을 뚫고
석벽 사이의 골목길을 비추는 햇빛
무슨 행운처럼
시의 행간에 나타나는 이미지처럼
석벽의 주름 사이로
하나님의 메시지가 펄럭 비쳤다
낮은 곳에 서라

서로 감싸 주라

하늘을 기억하라

추위에 몰린 내 앞에

삶에도
추위가 있어서
사람과 사람 사이의
관이 얼어 터지고
일과 일 사이의
길이 눈 속으로 사라지고
내가 지어 온 집에
고드름이 달려

추위에 몰린 내 앞에 남은
당신에게로 가는 길
그 길에서
햇볕을 쬐며
눈물을 흘리다

중국 태항산을 지나며

들판을 지나고 도시를 지나며
몇백 킬로나 이어지는 태항산을 보며
길게 펼쳐진 그대 자비의 팔을 생각한다
여기에 와서야 비로소 그대가 누군지 깨닫는다

도시가 일어나는 모습을 따뜻하게 바라보며
사람들과 그들의 하루하루를 지키는 태항산을 보며
우리들을 품고 있는 한없이 넓은 그대의 품을 생각한다

강은 어디서 시작되어 들판을 적시며 흐르는가
그대의 빛은 어디서 시작되어 우리 삶을 비추는가

속 깊은 그대여 감사를 잊었던 어리석은 나를 용서하라

6월의 숲길을 걸으며

장미꽃 향기 그윽한
6월의 숲길을 걸어갑니다
햇살이 숲길에 쏟아집니다
벌레 먹은 이파리처럼
하루가 상처 입기도 하고
무릎이 깨진 적도 있지만
매일매일 기쁨이 마르지 않는 것은
보살피고 키우는
당신의 손길 때문입니다
꿀을 모으는 벌처럼
열심히 일하며
마음 편하게 살 수 있는 것도
도와주고 감싸 주는
당신의 사랑 때문입니다
이제 6월의 언덕 너머로
새로운 시간의 문이 보입니다
당신이 나와 함께하기에

나는 또 설레는 마음으로
앞으로 나아갑니다
내 숲길은 장미 꽃잎들로
물들 것입니다

언제 어디서 어떻게 만나든

꽃은 이야기다
바다도 이야기다
사람도 이야기다

피고 지고
들어오고 나가고
만나고 헤어지고

웃고
아프고
슬퍼하면서

우리들이 지상에서 엮는 건
이야기 한 편
언제 어디서 어떻게 만나든
이전에서 다음으로 이어지는
뜻깊은 이야기

4부

비운 자만이 남길 수 있기에

산을 오르며

세상이 평지이기만을 바랄 때에는
나무 등걸이 길을 가로막는 걸
돌과 뿌리가 발밑에 배기는 걸
불평했었다
젖은 낙엽과 솔잎이 너무 미끄럽다고
철없이 울었다
그러나 어느 누구에게도
곱지 않은 세상을 살다 보니
나 역시 방해물처럼 보이는 것들 덕분에
채이기도 하고 넘어지기도 하면서
요령이랄까 지혜랄까 하는 것들을 익혀
건너뛰거나 돌아가거나 대비하거나
넘어진 김에 쉬기도 하면서
인생에 걸림돌이 있어야 성장한다는 걸
인생에 발목을 붙잡는 것이 있어야
성숙해진다는 걸 알았다
할 수만 있다면 크고 작은

걸림돌과 방해물을 품고

숲을 키우는 산처럼

넉넉하고 큰 사람이 되고 싶다

나의 하루

열매 같긴 한데
들여다보면
여기저기 접혀 있고
주름이 있고
갈라지고
멍들고

그래도 예쁘다

단풍나무의 꿈

가을날
단풍이 들어 가는 건
단풍나무만이 아니다
봄의 다리를 건너오느라
여름의 산을 넘어오느라
한편으론 지치고
한편으론 무성해진
나도 단풍이 들어 간다
내가 지나온 숲에서
누군가 붙여 둔 표지판을 보기도 하고,
누군가 놓아둔 의자에서 쉬기도 하고
누군가 걸어 놓은 컵으로
물을 마시기도 하면서
단풍나무처럼 나도 단풍이 들었다
그러나 겨울이 오기 전에
무거운 삶의 이파리들을 정리해야 한다
몇 가지에 골몰하기 위해

몇 가지만 남기고 털어 내야 한다
고마운 사람들을 위해
봄꽃을 피우고
건강한 여름 그늘을 엮으려면
이제 나는 낙엽 지는 단풍나무처럼
거추장스러운 이파리들을 버려야 한다
겨울나무처럼
모든 빛깔을 삼킨 채
단순해져야 한다

자격

노을 진 산을 바라보는
나무 의자에 앉아
나도 의자가 될 수 있을까
의자를 살펴본다
의자에는 어둠 속에서 나무가
별밭에 머리를 묻고
꽃을 구상하던 시간의 흔적들이
물결치고 있다
휠 줄 모르는 희망을 키우느라
온몸에 맺힌 옹이가 자랑스러운 무늬로 남아 있다
땅속 깊이 뿌리내리고 서서
자신을 흔들던 겨울의 슬픔을 수액으로 바꾸며
열매를 생산했던 나무의
윤기 나는 노동이
값없이 베풀고 나누던 마음이
의자의 결을 따라 검붉게 배어 있다

모든 것을 품고

모든 것을 키우는

산에서 배우고

이제는 의자가 된 나무 의자 앞에서

의자가 되는 일이 쉬운 일이 아님을 깨닫는다

의자가 되는 데에도 자격이 필요한 것이다

노을 앞에서

같은 노을이라도
저녁노을이 더 장엄한 것은
저녁노을은 모든 것을 품고 어둠 속으로 들어가기 때문이다
온갖 슬픔과 분노와 기쁨을
한번에 휩싸 안고서 침묵의 바다로 가라앉기 때문이다
그리하여 그 덕분에
우리는 매일 죽고 매일 다시 태어날 수 있는 것이다
그러므로 그대여 노을 앞에서 눈물을 보이지 마라
그 너그러운 축복이 바다를 덮으며 부르는
그 낮고 따뜻한 노래를 들으며
문이 닫히는 바다 저편에서
서서히 열리는 또 다른 문의 소리를 들으며
우리는 눈물을 닦아야 한다
매일 저녁 우리는 저녁노을의 휘장에 감기어
황홀한 죽음을 맞이해야 한다
상처 난 우리의 날을 바닷속 깊이 묻어야 한다

그렇게 우리는 늘 새롭게 시작해 왔으므로

그렇게 우리는 늘 기쁘게 다시 태어났으므로

바람과 꽃만 있어도 _템파노고스 산길을 걸으며_

그늘도 없는 산길을
계속 가야 한다면
그것이 삶이라면
너무 고달프지 않겠는가
키 큰 나무들은 저만치
골짜기에만 울창하고
따가운 햇볕을 받으며
짐을 지고 올라가는 그 길이
비록 경사가 심하진 않다 해도
정상이 금빛으로 빛난다 해도
그것만이 삶이라면
너무 힘들지 않겠는가
그러나 얼음 호수를 건너온
에메랄드빛 바람이 있기에
알록달록한 웃음으로 가슴을 물들이는
들판의 꽃들이 있기에
인생은 살 만한 것

길가에서 만나는

작고 소박한 위로

바람과 꽃만 있어도

걸어갈 만하지 않겠는가

알람브라 궁전에서

구멍투성이인 내가
스페인 바람에 실려 와
알람브라 궁전을
궁전을 품고 있는 성채를 구경했다
아라베스크 무늬로 짜인 사랑을 보고
종유석 천장에 얽힌 하늘의 계시를 보았다
수백 년간 몰아친 비바람에도 살아남은
백성의 집터도 둘러보았다
그런데 사랑과 계시와 백성을 보호했던
그 성벽에 웬 구멍들이 있었다
허술한 나만 구멍이 있는 줄 알았는데
세월을 이겨 온 견고한 요새에도
꿈을 지키는 굳건한 아름다움에도 구멍이 있었다
아, 성벽이 오래 버틸 수 있었던 건 구멍들 때문이었구나
그런데 성벽뿐이랴
나 역시 여기저기 허점과 약점 때문에
오히려 이렇게 살아남았다

나의 구멍들 덕분에

꿈을 지키며 버틸 수 있었고

삶의 비바람 속에서 굳건해질 수 있었던 것이다

슬픈 노래가 좋은 이유

당신이 '운다'는 말을 왜 좋아하는지
당신이 슬픈 노래를 왜 좋아하는지
지금은 이해할 수 있을 것 같아요

냇물을 건너며 빠진 적이 많아서인지
산을 넘으며 넘어진 적이 많아서인지
새가 노래한다고 말하면
새가 남처럼 느껴져요
파도가 너울거린다고 말하면
바다가 무섭게 느껴져요
새는 우는 거죠
바다도 우는 거죠

그러고 보면,
우리끼리 얘기지만
'운다'는 말이 더 친근해요
슬픈 노래가 더 좋아요

누군가가 슬픈 노래를 부르면
가슴이 찌르르 울리거든요

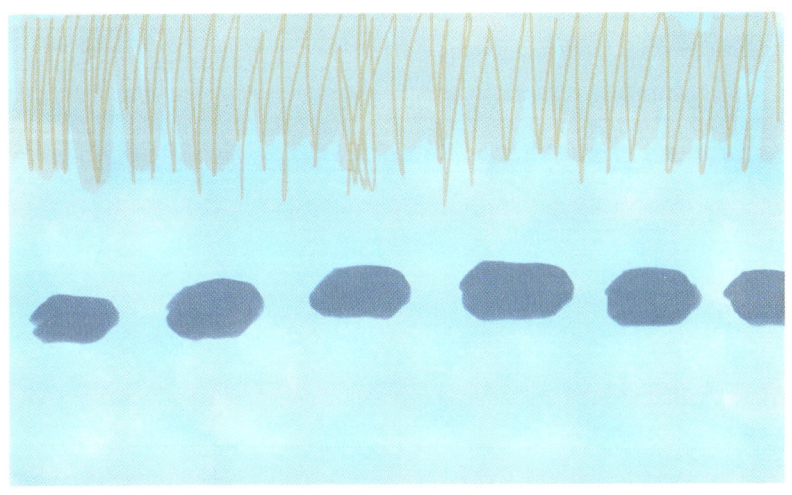

실망하는 이유

꽃이 떨어진 자리에
열매는 맺히지 않고
여기저기 새잎이 나왔다
한숨이 나왔지만
잎이 무성해지는 건
뿌리가 튼튼한 거니까
다행이라 생각하며
꽃이 또 필 수 있게
물을 주고
거름흙을 얹어 주고
가지를 쳐 주고
벌레를 잡아 준다
다음엔
꽃이 떨어진 자리에
열매가 맺힐 수도 있으니까

그런데
왜 굳이 열매를 보려는 걸까

바람이 없다면

바람이 없다면
아무것도 흔들리지 않으리
바람이 없다면
어둠과 비바람 속에서 흔들리며 새겨지는
나뭇잎의 무늬도
햇빛에 반짝이는 물결을 받쳐 주는
검은 그림자도 볼 수 없으리

바람이 없다면
그대 역시 흔들리지 않으리
바람이 없다면
눈물과 근심 속에서 깊어지는
그대의 아름다운 눈빛도
가슴 뭉클한 이야기로 하루를 일구어 가는
그대 발의 검은 그늘도 볼 수 없으리

바람이 없다면

결심

온몸을 판판하게 펴고
하늘만 바라보고 살아야지
햇빛을 모아
세상을 움직이는 에너지로 바꿔야지
어둠을 밝히고
추위를 몰아내고
사람을 키우는 데 써야지
세찬 빗줄기가 몰아치고
먹구름이 나를 덮어도
꺾이지 않을 거야
움츠러들지도
두리번거리지도 않을 거야
해 잘 드는 곳에 꼿꼿이 서서
하늘의 빛으로 온몸을 채울 거야

곡선

달을 따라 돌다 내려왔는지
라벤더 밭을 걸어 하늘로 들어갔는지
알 수 없으나
호수를 감싸기도 하고
바퀴가 되어 구르기도 하고
악어의 등허리를 느릿느릿
레몬나무를 슬쩍 지나
하늘에 솜사탕을 그리기도 하고
커튼 주름으로 햇빛에 감기기도 하고

그래서인지 부드럽고
그래서인지 넓게 껴안고
그래서인지 늘 여유가 있고
그래서인지 향기가 묻어 있고
그래서인지 무엇이든 될 수 있고
거칠지도 부딪치지도 모나지도 않아

나도 곡선이 되고 싶다

군자란

난도 아니고
군자도 아니지만
베란다에서 의젓하게
하늘에 귀 기울이며
더위와 추위를 견디던
군자란이
보통내기들이 걷어 내지 못한
어둠의 장막을 젖히고
또 한 번의 꽃대를 만들더니
드디어 12개의 꽃이 다 피었다
대견한 마음에 그 꽃들을 들여다보니
저희들끼리 머리를 대고 속삭인다
아, 우리가 함께 나눈 슬픔이 얼마나 많았던가!

파키라

나이가 드는 건
잎이 늘어나는 것
무더위와 추위에
흠집이 나면서도
삶의 대를 꼿꼿이 세우며
줄기마다 잎을 만드는 것
잎을 키우고 넓히는 것

나이가 들었다는 건
커다란 잎이 많다는 것
이리저리 휘고
여기저기 꺾인 세월을 거치며
더 넓어졌다는 것
더 넉넉해지고
더 푸근해졌다는 것